QUESTIONS

AUX TRAITÉS DE COMMERCE

ET À LA CONVENTION DE NAVIGATION

CONCLUS ENTRE LA FRANCE ET L'ANGLETERRE;

PAR UN ANCIEN DÉPUTÉ.

QUESTIONS

AUX TRAITÉS DE COMMERCE

ET A LA CONVENTION DE NAVIGATION

CONCLUE ENTRE LA FRANCE ET L'ANGLETERRE.

———————

Le principe fondamental du gouvernement représentatif ou constitutionnel est la participation de la nation à la puissance législative.

Cette participation s'exerce différemment, selon la forme monarchique ou républicaine des gouvernemens, et suivant les diverses constitutions; mais c'est une règle universelle, que les lois seules peuvent imposer des obligations aux citoyens, ou autoriser la levée des impôts, et que les proclamations, ordonnances ou réglemens de la puissance exécutive doivent être conformes aux lois.

La puissance législative, en France, s'exerce collectivement par le Roi, la Chambre des Pairs et la Chambre des Députés; tels sont les termes de l'article 15 de la Charte, et l'article 48 interdit d'établir ou de lever des impôts s'ils n'ont été consentis par les deux Chambres et sanctionnés par le Roi. Les attributions du Monarque sont limitées par ces deux règles principales ; et cela est si vrai, que l'article 14 dit textuellement : « Le Roi fait les ordonnances et les réglemens nécessaires pour l'*exécution des lois;* » toute ordonnance dérive donc d'une loi, et doit y être conforme. Le Monarque est inviolable, mais les Ministres sont responsables de la violation des lois.

Ainsi il résulte de la Charte que le pouvoir de rendre exécutoires par une ordonnance les clauses d'un traité, est subordonné à l'obligation de se conformer aux lois de l'État, et que nul traité ne peut contenir aucune stipulation contraire à ces lois, ou du moins que s'il en renferme une de ce genre elle ne devient obligatoire que par l'assentiment des Chambres. Cela n'est pas susceptible de contestation; car la puissance législative est indivisible, et aucune des trois branches n'a le droit de modifier ou d'annuler séparément les lois, qui ne peuvent être faites que par leur consentement collectif.

Les impôts n'étant établis et perçus qu'en vertu des lois, ne peuvent non plus être diminués ou augmentés que par la puissance législative.

Ces principes ont été invoqués dans la discussion sur le traité de navigation avec l'Angleterre, et les orateurs ministériels, subjugués par l'évidence et pressés par la vigueur des argumens de leurs adversaires, ont, après maintes dénégations, fini par les reconnaître.

« Nous avons, a dit M. Josse Beauvoir, des lois
« spéciales sur l'importation et l'exportation des
« blés, et les traités de commerce ne peuvent
« violer les lois. »

« Les traités de paix, d'alliance et de com-
« merce, a ajouté M. Ribard, pourront renfermer
« des dispositions qui seront un véritable exercice
« de la puissance législative ; et, dans ce cas, pré-
« tendre les soustraire aux Chambres, ce serait,
« je crois, mal servir la prérogative royale. »

« Nous n'entendons pas, a dit positivement
« M. de Villèle, que, par un traité de commerce,
« on puisse aller contre les dispositions des lois et
« les articles de la Charte. Si la Chambre juge
« qu'il y a impôt, elle doit admettre l'article au
« tarif. »

Ainsi, d'après le propre aveu des Ministres et
des orateurs ministériels, le Roi ne peut pas, en
vertu d'un traité, modifier les lois et établir des
impôts.

Ce point étant bien convenu, si nous exami-
nons quelle est l'étendue de la prérogative royale
relativement aux déclarations de guerre, aux
traités de paix, d'alliance et de commerce, nous
reconnaîtrons que, comme l'a fort bien dit M. de
La Bourdonnaie, il y a corrélation entre les articles 14, 15 et 48 de la Charte.

Le Roi déclare la guerre de son propre mouve-
ment ; mais, comme il ne peut la faire sans des

levées extraordinaires d'impôts et d'hommes, il est obligé de s'adresser aux Chambres pour obtenir l'autorisation de faire ces levées. Dès-lors si les Chambres ne trouvent pas qu'il soit opportun de déclarer ou de continuer la guerre, elles refusent les impôts ou les levées d'hommes, et contraignent, en quelque sorte, les Ministres à conserver ou à faire la paix. Aussi, lorsqu'une guerre est imminente, a-t-on soin, dans les gouvernemens constitutionnels, de s'assurer de l'assentiment des Chambres, au moyen de communications officieuses auxquelles elles répondent par des adresses, qui deviennent de leur part un engagement d'accorder les subsides indispensables. Nous en avons eu un exemple parmi nous à l'époque de la guerre d'Espagne : le discours du Roi fit connaître aux Chambres l'imminence de la guerre, et les deux adresses témoignèrent de la disposition des Chambres à seconder le Gouvernement. On fit même plus, on demanda le vote des subsides et la levée des vétérans avant de commencer les hostilités : la question de paix ou de guerre fut débattue par les deux Chambres; et si leurs adresses avaient annoncé le désir de rester en paix, si elles avaient refusé l'argent et les hommes, certes l'entreprise d'Espagne n'eût pas été tentée.

Le Roi fait les traités d'alliance; mais si ces traités contiennent la condition d'un subside à payer, le Ministère est obligé de recourir aux

Chambres pour obtenir leur consentement à cette dépense, ainsi que les moyens d'y pourvoir par des impôts ou par des emprunts. Le refus des Chambres annullerait cette partie du traité ; la conséquence est inévitable, et il doit toujours être convenu entre les puissances contractantes, que la condition d'un subside n'est qu'une promesse provisoire jusqu'à l'approbation des Chambres.

Les traités de commerce et de navigation sont dans le même cas, toutes les fois qu'ils contiennent des modifications à la législation générale des douanes, des augmentations ou des diminutions de droits ; c'est ce qui arrivera le plus souvent. En vain cherche-t-on à échapper à cette conséquence, en soutenant (1) « qu'aucune taxe de « douanes pouvant résulter d'un traité de com- « merce n'a et ne saurait avoir le caractère d'im- « pôt ; que les droits de douanes sont plutôt établis « comme protection du commerce que comme « revenu de l'État, et que, parmi ces droits, ceux « qui sont susceptibles de trouver place dans les « traités de commerce doivent être considérés « comme un réglement d'intérêts nationaux en- « vers l'étranger, réglement réservé au pouvoir « royal, et non comme un impôt exigeant, pour « la perception, l'intervention législative ». L'argument est erroné sous deux rapports : d'abord,

---

(1) Discours de M. de Saint-Cricq.

les augmentations ou les diminutions de ces droits sont des modifications aux lois existantes, et le Roi ne peut seul modifier les lois; de plus, les droits de douanes sont, il est vrai, combinés de manière à protéger le commerce national, mais cela n'empêche pas qu'ils ne soient acquittés par les Français, et les lois seules peuvent les y contraindre. Ces droits se perçoivent, soit sur le tonnage des bâtimens, soit sur les marchandises qu'ils apportent; les négocians en font l'avance, et en définitive les consommateurs les paient; ce sont donc de véritables impôts.

On a fait une singulière distinction : on a prétendu que des orateurs avaient reconnu à la couronne le droit d'atténuer les taxes de douanes, et non celui de les augmenter. On a là-dessus bâti un système fort commode, en regardant comme concédé le prétendu droit de diminuer, sans l'intervention des Chambres, les taxes de douanes, et, par exemple, celles qui sont établies sur les blés, sur les fers, etc. Nous ne savons dans quel discours se trouve la bizarre assertion sur laquelle on se fondait; et, à coup sûr, l'honorable M. Casimir Périer, à qui la discussion sur le droit de tonnage fait tant d'honneur, n'a rien avancé de semblable; il a dit positivement le contraire. On ne peut, nous le répétons, ni augmenter ni diminuer les taxes sans l'intervention législative.

Mais, a-t-on ajouté, qu'est-ce qu'un traité de

commerce, si ce n'est une modification plus ou moins étendue des lois de douane ? Tous les traités de commerce seront donc soumis aux Chambres, et il va devenir fort difficile de conclure de pareils traités. M. Leclerc de Beaulieu a répondu avec raison : « Tous les gouvernemens qui ne sont pas « absolus sont soumis à ces conditions, et cepen- « dant ils traitent et on traite avec eux. » En effet les dispositions législatives des traités de commerce sont soumises à l'approbation des Chambres anglaises. Elles ont rejeté le traité d'Utrecht, et vivement débattu celui de 1786 ; cela n'a pas empêché l'Angleterre de conclure de nombreux traités. Le Sénat des États-Unis sanctionne tous les traités ; ils ne sont valables qu'après l'accomplissement de cette formalité, et la Chambre des Représentans intervient lorsqu'il s'y trouve des dispositions législatives ; il n'en est résulté aucun obstacle à la conclusion de divers traités entre la France et les États-Unis. Les puissances qui négocient avec les gouvernemens constitutionnels sont averties que certaines stipulations ne peuvent pas être consenties, ou du moins ne deviendront définitives qu'après l'approbation de la puissance législative. Cette limitation de la prérogative royale place les négociateurs des États constitutionnels dans une position plus favorable que les agens diplomatiques des gouvernemens absolus ; elle donne aux premiers une force de résistance contre des prétentions immodérées que les seconds n'ont pas, et on ne peut apercevoir la raison de priver la France de cet avantage. Remarquons, d'un autre côté, que les clauses des traités deviennent plus stables après l'intervention législative; l'administration ne peut pas les éluder à son gré, et cette garantie de l'observation des traités ne se rencontre que dans les gouvernemens constitutionnels; car rien ne la remplace dans les gouvernemens absolus.

Voyons à présent quelle marche on devait suivre relativement au traité de navigation avec l'Angleterre. L'ordonnance du 8 février 1826, rendue, est-il dit, afin d'assurer l'accomplissement des conditions du traité, renferme cinq dispositions :

1°. Le droit de tonnage à payer par les bâtimens français venant des ports du royaume-uni de la Grande-Bretagne ou de ses possessions en Europe, est assimilé au droit perçu à l'entrée des ports de France sur les navires étrangers; c'est-à-dire qu'un bâtiment français de deux cents tonneaux, qui ne payait rien, paiera plus de 800 fr.

2°. Les navires britanniques ne supporteront les redevances de pilotage, de bassins, de quarantaines et autres analogues, que d'après le taux établi pour les navires français.

3°. Les marchandises importées des ports du Royaume-uni et de ses possessions en Europe, par navires britanniques, ne paieront que les mêmes droits qui sont ou seront perçus sur les marchandises importées par navires français.

4°. Les produits de l'Asie, de l'Afrique et de l'Amérique, importés de quelque pays que ce soit, par navires britanniques, ou bien chargés par navires français ou tous autres dans un des ports de la domination britannique en Europe, ne pourront être admis pour la consommation du Royaume, mais seulement pour l'entrepôt et la réexportation.

La même disposition est applicable aux produits d'Europe chargés sur des navires britanniques venant d'autres ports que ceux du Royaume-uni ou de ses possessions en Europe.

5°. Les bateaux pêcheurs sont réciproquement affranchis de tous droits de navigation, lorsqu'ils cherchent un refuge à cause du mauvais temps, et qu'ils n'effectuent aucun chargement ni déchargement.

Chacune de ces dispositions est une modification des lois existantes, et devait être confirmée par la puissance législative. Nous allons rendre cette vérité palpable, en expliquant la combinaison de nos lois de douanes.

Il y a des droits généraux qui sont ou de protection de notre commerce, ou de consommation; et des droits spéciaux qui protégent notre navigation.

Les droits généraux se divisent en droits à l'en-

(12)

trée par terre et par mer. Dans quelques cas ces
droits sont différens, et dans d'autres, certaines
marchandises ne peuvent entrer que par mer.
D'un autre côté, afin de protéger la culture de
nos colonies, les denrées coloniales étrangères
sont soumises à des droits de consommation plus
élevés que les produits de nos colonies. Il y a
en outre des taxes différentielles sur les marchandises, suivant les lieux de provenance et la longueur de la navigation. Ces taxes sont moindres
quand les navires français viennent des pays loin-
tains que lorsqu'ils prennent leur chargement dans
les ports de l'Europe. Ainsi, par exemple, l'in-
digo est imposé à 75 centimes le kilogramme,
quand il est apporté directement de l'Inde, et
à 3 francs le kilogramme, s'il provient des en-
trepôts d'Europe : la différence est de 2 francs
25 centimes le kilogramme. Ces sortes de taxes,
graduées suivant la longueur de la navigation, sont
un puissant encouragement pour nos armateurs.

La navigation française est, de plus, protégée
par des droits établis spécialement soit sur le tonnage des bâtimens étrangers, soit sur les marchandises importées par ces bâtimens, et la différence
entre le droit payé par un navire français et celui
qui est imposé sur un navire étranger, s'appelle
surtaxe. Il n'est fait, à l'égard des surtaxes,
aucune distinction relativement à la longueur ou
à la brièveté de la navigation. Ainsi les indigos

importés par un bâtiment étranger venant de l'Inde ou de Hollande, paient le même droit de 4 francs le kilogramme, c'est-à-dire que la surtaxe dans le premier cas est de 3 francs 25 centimes, et dans le second cas, seulement de 1 franc; on aperçoit combien cette combinaison est favorable à la navigation française de long cours.

Il importe aussi de remarquer que l'Angleterre n'admet que la navigation directe des étrangers; elle prohibe la navigation indirecte, tandis qu'au contraire la France l'admet. Nous appelons navigation directe celle qui a lieu entre les ports de deux États par les navires nationaux appartenant aux sujets de chacun de ces États. La navigation indirecte est celle qui se fait par des bâtimens étrangers venant des ports d'une tierce puissance. Or, avant le traité de navigation, nous ne pouvions pas porter en Angleterre des marchandises chargées en Hollande, et cependant les Anglais pouvaient en apporter en France. Une interdiction générale existait en Angleterre à l'égard de bâtimens français chargés de produits de l'Asie, de l'Afrique et de l'Amérique, et cette interdiction n'existait pas en France à l'égard des bâtimens anglais.

Tout ce qui précède étant bien entendu, on comprend facilement que la puissance exécutive ne peut pas modifier, sans l'approbation définitive des Chambres, les droits généraux de douanes

qui protégent nos colonies, notre commerce inté-
rieur et notre navigation lointaine ; car si elle
avait cette faculté, le système général de notre
législation serait exposé à un bouleversement
complet et instantané, au gré des Ministres.

Le traité de navigation ne contient rien de
semblable ; mais il impose un droit nouveau sur
les navires français venant d'Angleterre. L'amen-
dement de M. Casimir Périer a régularisé cette
perception, et on eût dû en même temps confir-
mer la disposition de l'ordonnance du 8 février, relative aux pilotages, droits de bassins,
de quarantaines et autres analogues. C'est un oubli
que la Chambre des Pairs réparera sans doute ;
mais cela ne suffira pas, et cette Chambre exami-
nera probablement si elle ne doit pas compléter
l'œuvre que la Chambre des Députés n'a fait
qu'ébaucher.

Nous avons vu que les marchandises importées sur les bâtimens anglais, ne paieront à
l'avenir que les mêmes droits qui sont ou seront
perçus sur les marchandises importées par bâtimens français ; les surtaxes, établies par les lois
en faveur de notre navigation, sont donc sup-
primées par exception, à l'égard des Anglais ;
et quoique la réciprocité nous soit accordée en
Angleterre, cette exception n'en est pas moins
une modification de notre législation générale,
et ne peut être prononcée que par une loi.

Notre législation permet aux bâtimens français et étrangers de charger les produits de l'Asie, de l'Afrique et de l'Amérique dans les ports de l'Europe ou des autres parties du monde, et de les importer en France : mais les lois anglaises, interdisant l'importation dans le royaume de la Grande-Bretagne de ces sortes de marchandises apportées *de quelque pays que ce soit* par bâtimens étrangers, et défendant même aux bâtimens anglais de les importer des ports de l'Europe pour la consommation intérieure, le Roi de France, pour établir une parfaite réciprocité, s'est *réservé*, par l'article 2 du traité, de prononcer une interdiction semblable à l'égard des bâtimens français et anglais; cette interdiction a été prononcée par l'article 3 de l'ordonnance du 8 février, pour les bâtimens français ou étrangers chargés dans un des ports de la domination britannique en Europe. Voilà donc une dérogation au droit commun, une défense faite non seulement aux Anglais ou étrangers, mais même aux Français de se livrer à un genre de commerce autorisé par nos lois; certes, une simple ordonnance ne peut rendre légales une pareille dérogation et une pareille défense, à moins qu'on ne veuille soutenir que la puissance législative ne s'exerce pas collectivement par le Roi et les deux Chambres, mais bien par le Roi, conjointement avec le Roi d'Angleterre ou tout autre potentat étranger.

La même réflexion s'applique à l'interdiction de la navigation indirecte, c'est-à-dire à la défense faite aux bâtimens anglais d'importer les produits de l'Europe venant d'autres ports que ceux d'Angleterre. Cette interdiction, il est vrai, ne concerne pas les bâtimens français ; mais c'est une dérogation aux lois de l'État : elle ne peut résulter que d'un acte législatif.

Rien de plus équitable que l'affranchissement réciproque des droits de navigation pour les bateaux pêcheurs en relâche forcée ; mais cela n'est pas conforme aux lois, et, on ne peut trop le répéter, l'intervention de la puissance législative est indispensable.

Tout ce qui vient d'être dit est applicable au traité avec les États-Unis ; et, s'il n'a pas été fait de réclamation à propos de ce traité, cela provient sans doute de ce que l'ordonnance qui en rend les dispositions exécutoires n'a été insérée au *Moniteur* que le 10 juillet 1823, plus de deux mois après la clôture de la session. On sait, d'ailleurs, qu'aucune loi de douanes n'avait été discutée par les Chambres depuis cette époque.

Nous venons d'établir les principes dans toute leur rigueur ; mais en même temps nous n'hésitons pas à convenir que dans quelques circonstances il pourrait être utile de se relâcher de cette rigueur, et cela afin de donner plus de facilité de négocier et de conclure des traités de navigation.

Nous avons déjà dit que les droits généraux établis pour protéger notre agriculture, notre industrie et nos colonies, doivent rester invariablement dans le domaine de la législation. Il en est de même des surtaxes sur la navigation indirecte des étrangers : elles protégent nos armemens nationaux; et si elles pouvaient être modifiées par une simple ordonnance, l'inquiétude et le découragement s'empareraient de nos armateurs; ils n'oseraient plus entreprendre des expéditions lointaines. C'est une grande question de savoir si nous avons raison d'admettre la navigation indirecte des étrangers; peut-être ferions-nous plus sagement de la prohiber en imitant l'Angleterre, mais, au moins, puisque les surtaxes sont une puissante protection pour notre navigation, ne donnons pas au Ministère la faculté de les abolir sans le concours des Chambres.

Le danger est moindre pour les surtaxes mises sur la navigation directe, c'est-à-dire sur les marchandises chargées par les navires étrangers dans les ports de la puissance à laquelle ils appartiennent. Nous entrevoyons quelques avantages à donner à l'administration, par un acte législatif, l'autorisation de modifier ou de supprimer ces surtaxes sans le concours des Chambres, toutes les fois qu'en vertu d'un traité nous obtiendrons d'une puissance étrangère une entière réciprocité en faveur de notre navigation. Le Parlement anglais a donné une autorisation à peu près semblable. aux Ministres de S. M. Britannique : la navigation directe des étrangers était depuis long-temps assujettie, en Angleterre, à des surtaxes, comme elle l'est aujourd'hui en France; le Parlement, en revisant les lois sur la navigation, a établi, depuis quelques années, le principe de la réciprocité pour la navigation directe, et en même temps il a autorisé la puissance exécutive à mettre des surtaxes sur les bâtimens des puissances qui n'admettraient pas cette réciprocité; le Gouvernement a usé de cette faculté d'abord à notre égard, et dernièrement à l'égard des Pays-Bas. L'effet est le même, soit que l'on puisse mettre des surtaxes lorsque la réciprocité est refusée, soit qu'on puisse les abolir lorsqu'elle est accordée; notre législation nous place dans cette dernière situation.

Dans l'état d'infériorité où se trouve notre marine marchande, et où la maintiennent les droits sur les fers, les chanvres, les cordages, les mâtures, les toiles à voile, etc., il eût été sans doute à désirer que les surtaxes fussent conservées, même sur la navigation directe : mais nos discussions avec les États-Unis ayant amené une première déviation, les esprits clairvoyans ont aperçu tout de suite que l'Angleterre ne tarderait pas à nous demander une concession semblable; c'est ce qui est arrivé. Les surtaxes, aujourd'hui, ne peuvent

plus être considérées que comme un sujet de né-
gociation avec les autres puissances, que comme
un moyen d'obtenir des avantages équivalens à
la concession que nous en ferions. Il est bon de
remarquer d'ailleurs que, si le principe de réciprocité nous est défavorable avec plusieurs na-
tions, il nous serait avantageux avec d'autres :
nous avons admis la concurrence des deux ma-
rines que nous avions le plus à redouter, dès-lors
les surtaxes ne nous protégent plus que fort im-
parfaitement ; et leur abandon réciproque, si, par
exemple, nous l'obtenions du Brésil et des nou-
veaux États des deux Amériques, nous serait ex-
trêmement avantageux.

En résumé, les traités ne sont pas soumis à la
sanction des Chambres ; mais en même temps
aucune ordonnance royale ne peut, sans le concours des Chambres, rendre obligatoires pour les
Français les clauses d'un traité qui seraient con-
traires aux lois de l'État.

Les dispositions des traités de commerce et de
navigation qui modifient la législation, augmen-
tent, diminuent ou suppriment les droits de
douanes, doivent être converties en lois, et par
conséquent consenties par les Chambres.

Tous les articles de l'ordonnance du 8 février
1826 modifient la législation actuelle des douanes ;
ils sont en conséquence d'ordre législatif.

Il pourrait être convenable d'exempter à l'avénir, et par un acte législatif, de la formalité de la sanction des Chambres, 1°. la modification ou la suppression des surtaxes sur la navigation directe des étrangers, toutes les fois que cette modification ou cette suppression sera ordonnée en réciprocité de semblables avantages accordés à la France par une autre puissance; 2°. les augmentations des surtaxes prononcées en représailles de pareilles augmentations faites par un gouvernement étranger sur les droits payés par les bâtimens français.

Il est bien important que la Chambre des Pairs examine et résolve les graves questions que nous venons d'indiquer; car ce qui a été dit à propos du traité avec les États-Unis nous révèle le projet du Ministère de se faire des précédens dont il puisse se prévaloir plus tard contre les droits des Chambres, qui sont les droits de tous les Français. Il est temps d'arrêter les envahissemens faits en sous-main par les Ministres, et, en abordant franchement les questions constitutionnelles, de les forcer à rentrer dans l'ordre légal.

FIN.

DE L'IMPRIMERIE DE CRAPELET,
rue de Vangirard, n° 9. (1826)